AF240318

NOTICE
DE TABLEAUX,

FIXÉS, MÉDAILLONS,

DESSINS ET ESTAMPES

ENCADRÉS ET EN FEUILLES,

ET DE CURIOSITÉS,

TELLES QUE

MÉDAILLES, BRONZE, VASES EN MARBRE,
PORCELAINE ET IVOIRE,

Dont la vente aura lieu par suite du décès de M. le Chevalier CHALLAN, ancien tribun, membre du Corps législatif, de la Société d'agriculture et de plusieurs sociétés savantes, en sa maison, rue des Champs-Élysées, n°. 8, les lundi 23 et mardi 24 mai 1831, à midi.

Exposition publique les samedi 21 et dimanche 22 courant, au même local, de midi à quatre heures.

LA PRÉSENTE NOTICE SE DISTRIBUE

Chez
{ M°. HAIZE, commissaire-priseur, rue Neuve-Saint-Eustache, n. 29;
{ MM. DEBAY et PÉRIGNON, rue de Cléry, n°. 42.

1831.

NOTICE

DE TABLEAUX,

FIXÉS, MÉDAILLONS, DESSINS

ET DE CURIOSITÉS.

N° 1. ABLST (W. V.), 1650. Des pêches, des prunes, des amandes et du raisin, posés sur une table de pierre couverte d'un tapis bleu à frange d'or. Tableau d'une exécution admirable de fermeté et de précision.

2. BAPTISTE. Un riche bouquet de fleurs placé dans un vase posé sur une table de pierre.

3. BILLECOQ. Le marchand de melons; c'est un paysan; il porte un melon entamé. Son expression indique qu'il vante la qualité de sa marchandise.

4. *Par le même.* Une paysanne vue en buste. Elle est coiffée d'un bonnet blanc. Ses épaules sont couvertes d'un fichu rouge.

5. BOURGUIGNON (style de). Deux batailles, l'une au moment d'une mêlée, l'autre après l'action, on transporte des blessés.

6. BRAND, 1769. Deux paysages faisant pendans. Ils offrent l'un et l'autre des fabriques en ruines; des figures touchées avec esprit ornent ces deux jolis tableaux.

7. BROECK (V. D.). Un citron coupé, un verre et divers fruits posés sur une table de pierre, couverte d'un tapis rouge.

8. BRUANDET (genre de). Deux paysages ornés de figures.

9. CAZIN, *peintre à l'ancienne Académie*. Intérieur d'une forêt. Site pris à Fontainebleau. Au milieu du tableau, sur une route, sont quelques figures, entre autres une paysanne montée sur un cheval blanc; un homme cause avec elle; quelques animaux les suivent. Plus loin, on aperçoit des chasseurs. A droite et sur le premier plan, sont des grès entourés d'arbres élevés, de larges plantes et de broussailles. Tableau facilement touché, d'une bonne couleur et plein de vérité.

10. CHARDIN. Une jeune servante revenant du marché, compte son argent. Elle est debout devant une table sur laquelle se trouvent les emplettes qu'elle vient de faire. Cette figure est peinte facilement, la lumière est établie largement et de manière à donner un effet doux et suave

au tableau. La pose de cette jeune femme est pleine de naïveté, son expression est parfaite; elle porte toute son attention à chercher son compte qu'elle paraît ne pas trouver facilement.

11. COTTIBERT. Précieux tableau fait sur nature. C'est un jeune enfant qui s'est placé dans une niche; il est couché sur de la paille et joue avec des chats.

12. CRETI (Donato). Deux enfans vus en buste, l'un riant, l'autre pleurant.

13. DESPORTES (François). Des pêches, des figues et des perdrix posées sur une pierre et dans un panier. Tableau d'une vérité parfaite.

14. *Par le même*. Deux études faites d'après nature. Elles représentent toutes deux des perdrix mortes, suspendues par les pattes.

15. DETROY (François). Le portrai de *Joi de Mezettin*. Il est représenté en pied, de bout, dans le costume de Scapin; il a la main appuyée sur un bas-relief en pierre.

16. FALLENS (attribué à Van). Deux tableaux; l'un représente une chasse, l'autre des voyageurs et leurs chevaux se reposant.

17. GUARDI. Esquisse d'une couleur vigoureuse, d'une touche fine, d'un effet piquant et plein de vérité. C'est la vue des ruines d'un monument antique; quelques figures indiquées avec esprit sont placées çà et là sur les différens plans.

18. *Par le même.* Deux charmantes esquisses de ce maître; vues prises sur nature, à Venise. Ce sont des places où se trouvent quelques fabriques et des figures spirituellement touchées.

19. HARDUNH (signé). Deux tableaux. Fleurs dans des vases.

20. HONTORST. Diogène cherchant un homme. Ce trait, cette pensée philosophique peut être appliquée à tous les âges, à tous les temps; ce n'est donc pas un anachronisme de l'artiste d'avoir représenté Diogène dans le costume d'un mendiant d'aujourd'hui, coiffé d'une toque noire, et portant une lanterne comme nous en voyons chaque jour. Rien de grec dans cette figure, mais les traits caractéristiques de la tête, l'expression fine du vieillard rendent parfaitement l'esprit du sujet. La figure est de grandeur naturelle.

21. KIERINGS. Paysage d'une riche composition; il est orné sur les différens plans de massifs d'arbres épais, dont le feuillé est rendu avec une extrême finesse. Ce précieux tableau est orné de nombre de figures habilement touchées; on remarque en avant de la composition le sujet de la fuite en Egypte.

22. KLASS (signé). Deux charmans paysages. Ils sont éclairés par le soleil couchant. Les arbres, les roches, les eaux, tout y est bien touché.

23. LACROIX. Des mariniers tirant une barque pour l'amener à terre. Effet d'orage. Tableau facilement touché.

24. **LAGRENÉE.** Esquisse terminée. Deux amans viennent sceller leur union en présence d'un grand-prêtre. Deux hommes sont témoins de cette scène; l'un d'eux porte un casque et tient une lance. Ce sujet est représenté dans un paysage. Forme ronde.

25. **LANTARA.** Soleil couchant. Vue prise au bord de la mer. Du point où le peintre suppose le spectateur, on aperçoit jusqu'à l'orizon; à droite, sont des rochers escarpés sur lesquels s'élèvent les constructions d'une forteresse; on y arrive par une route montante. Sur le devant, sont quelques pêcheurs; l'un d'eux retire un filet de l'eau.

26. *Par le même.* Deux tableaux faisant pendans; l'un est un clair de lune, l'autre un soleil couchant.

Le premier d'un sité pittoresque est d'un effet magique; c'est un clair de lune; cet astre se lève et brille à travers des nuages légers, sa clarté se réfléchit dans les eaux d'un fleuve, tombant en cascade sur le premier plan, parmi des rocs dont la masse intercepte les faibles rayons sortant du foyer de lumière. Dans cet endroit mystérieux, se trouve une barque conduite par des pêcheurs ; non loin de là sont quelques figures. Les bâtimens d'une forterresse s'élevant sur des rochers plus éloignés, dominent cette composition. L'autre, d'une composition semi-historique, est éclairé par le soleil couchant, mais brillout encore de tout son éclat; les différens plans reçoivent la lumière douce et vaporeuse du soir; les montagnes, les arbres, les coteaux, les fabriques que le peintre a placés dans son tableau, se composent heureusement et forment un point de vue des plus piquans. Quelques figures, entre autres un pâtre ramenant son troupeau, enrichissent ce tableau.

27. LANTARA. Ici c'est un médaillon, peu important sans doute par sa dimension, mais où l'on retrouve encore la touche spirituelle et la couleur harmonieuse du maître. Il représente un paysage pittoresque dont le milieu est occupé par un fleuve bordé de rochers et de collines; quelques figures animent la composition.

28. LARGILLIÈRE. Portrait d'homme en buste, en costume de matin; sa robe de chambre est d'une étoffe de soie rayée bleu. Ce personnage annoncé par sa physionomie vermeille, que c'est un gourmet; on en acquiert la certitude en voyant dans l'une de ses mains une bouteille précieusement bouchée, et dans l'autre une médaille portant inscription, *Ordre des coteaux :* cet ordre de gourmands fut institué sous Louis XIV.

29. LE PAON. Des soldats du temps de Louis XV. Ils sont réunis dans un souterrain; l'un fume sa pipe, l'autre assis à terre cause avec le premier.

30. LOIR (Nicolas). Sainte famille.

31. VAN LOO. Une jeune fille à genoux devant son

prie-dieu. Jolie esquisse d'un pinceau délicat.

32. MATHON. Sujet imité de Metzu, ou Gérard Dow. C'est une fruitière; elle est vue par l'embrasure d'une croisée, sur l'appui de laquelle se trouve sa marchandise; une lampe allumée est accrochée à la muraille, un singe assis près de là casse une noix dans ses dents. Précieux tableau.

33. MAYER. Dans un paysage pittoresque dont la majeure partie est occupée par un torrent; un pâtre garde des moutons, un cheval et un âne. Tableau d'une touche facile.

34. METZU (genre de). Un concert. Une jeune Hollandaise, tenant un cahier de musique, est accompagnée par un jeune homme qui pince de la guitare. Joli échantillon d'un faire large et d'un effet piquant.

35. MEULEN (Van Der). Précieux échantillon de cet habile peintre. Il représente, non loin d'un massif d'arbres, des cavaliers assaillis par des tirailleurs qui s'étaient cachés derrière des rochers. Dans le fond, on aperçoit les principaux bâtimens d'une ville.

36. MICHAUX. Tableau d'un pinceau fin et délicat. C'est un paysage dont le milieu est occupé par un massif d'arbres élevés. La gauche du tableau offre la mer où se trouvent quelques navires, et dont les eaux, arrivant jusque sur le premier plan, forment une espèce de petite rivière guéable

où passent des bestiaux et des voyageurs à pied ou à cheval.

37. MIEL (Jean). Les quatre mendians: quatre petits tableaux; chacun offre un pauvre demandant l'aumône. Touche large et hardie.

38. MOLENAERT. Un marchand de vin et sa femme dans leur caveau; celle-ci, déguste un vin nouveau; son compagnon semble attendre sa décision pour savoir s'il a fait une bonne acquisition. Tableau du bon faire de Molenaert. Il est peint légèrement et d'une conservation rare.

39. *Par le même.* Ici ce sont des joueurs de trictrac; ils sont dans l'intérieur d'une tabagie; l'un d'eux assis tient les dés dans sa main, et fume sa pipe en observant son adversaire; ce dernier s'est levé et semble hésiter sur la manière dont il jouera le coup. Un troisième s'intéresse à la partie et bourre sa pipe en observant la position du jeu. Bon tableau fait d'inspiration sur les ouvrages d'Ostade.

40. PHILIPPE NAPOLITAIN. Deux batailles. Esquisses pleines de chaleur et d'énergie.

41. VAN POL. Des fleurs; elles sont placées dans un verre; ce sont des roses trémières, des roses à cent feuilles, des clochettes et un pavot; ce bouquet bien peint et d'une jolie couleur, ombrage un nid d'oiseaux, posé sur une table de marbre.

42. *Même genre.* Ce tableau offre un bouquet de

lilas et d'autres fleurs, placé dans un vase de porcelaine chinoise.

43. RESTOUT. Un vieillard; tête d'étude.

44. ROBERT (Hubert). Un jeune garçon était monté sur une ruine pour y cueillir des fleurs sauvages et les offrir à des jeunes femmes. Il a mis le pied sur une pierre qui tenait à peine, la pierre échappe, il tombe et sera victime de sa galanterie. Ses jeunes compagnons sont dans l'épouvante à la vue de cet accident. Cet épisode est placé dans un paysage où se trouvent de nombreux débris d'architecture antique. On sait combien Robert excellait dans ce genre. Il est inutile de rappeler la facilité et le talent que l'on retrouve dans ce tableau.

45. ROSA (Jiuseppe). Deux tableaux faisant pendans. L'un et l'autre sont des paysages d'une riche composition et d'un beau style. Des bestiaux gardés par des pâtres y sont groupés sur les premiers plans.

46. RUYSDAEL (genre de). Paysage. Sur le devant, une route traverse le tableau ; elle est bordée d'arbres élevés, ombrageant une habitation rustique; là se trouvent plusieurs groupes de figures. Le fond offre une campagne, et sur le premier plan sont des arbres renversés, des plantes et une mare d'eau stagnante.

Ce tableau dont la composition est heureuse et pittoresque, et dont l'effet est des plus piquans, est, sans doute, sorti de la main d'un des meilleurs paysagistes de l'ancienne école hollandaise.

Il nous paraît restauré en totalité, mais à coup
sûr par un pinceau fort habile. Il offre la chance
d'un *dépouillement* complet, dont le but serait de
retrouver le maître ancien. Dans son état actuel,
il est assez satisfaisant pour que l'on puisse croire
plus prudent de ne pas tenter une opération dont
il serait difficile de prévoir les résultats.

47. **SANTERRE**. La Vierge vue à mi-corps de grandeur naturelle, et les mains jointes.

48. *Par le même*. La géométrie représentée par
une jeune femme méditant et tenant un compas.

49. **STEENWICK** (Henri). Intérieur d'église. Le
peintre suppose le spectateur à l'entrée de l'église ;
sa vue s'étend jusqu'au fond du grand chœur. Çà
et là, se trouvent des autels à l'un desquels un
prêtre dit la messe. Le jour arrive dans cette en-
ceinte par les croisées de gauche, et en éclaire
l'intérieur de la manière la plus piquante. Ce précieux échantillon est animé par plusieurs figures
spirituellement touchées.

50. **TAILLASSON**. A la vue du corps de son amant,
étendu sur la plage et privé de sentiment, Héro,
dans son désespoir, va se précipiter dans les flots.
Tel est le sujet de cette esquisse, où tout décèle
la main d'un habile théoricien, d'un peintre
savant.

51. *Par le même*. Olympias. Esquisse. C'est le
moment où les soldats de Cassandre, roi de Ma-
cédoine, successeur d'Alexandre - le - Grand,

viennent tuer Olympias. « Quelque déterminés
qu'ils fussent, ils ne purent soutenir l'éclat de la
majesté qui partait des yeux et du visage de la
princesse, et ils se retirèrent sans exécuter leurs
ordres. »

52. *Par le même.* Stratonice. Esquisse. C'est le
moment où Séleucus découvre le motif de la
maladie de son fils Antiochus.

53. TENIERS (signé). Un mendiant, assis sur la
route d'un village, tend son chapeau; il attend
l'aumône du premier passant; sa femme, assise
près de lui, tient un réchaud. Le fond offre un
paysage. Quelques parties bien touchées dans ce
tableau ont porté à croire qu'il était original. Il
est signé.

54. M. VALLIN. Une jeune femme. Elle est vue en
buste. Elle porte un costume négligé. Joli échantillon d'un pinceau aimable.

55. VEIRHOTTER. Deux esquisses. Ce sont des paysages; l'un offre un site pittoresque, animé par
quelques figures et des animaux; l'autre est une
marine où l'on voit un peu de paysage.

56. VERDUSSEN. (genre de). Des voyageurs dans
la cour d'une hôtellerie, font reposer leurs chevaux.

57. VOLAIRE. (le chevalier). Le Vésuve pendant
une éruption. Plusieurs personnages, sur le devant du tableau, sont en contemplation devant
le phénomène; ils sont séparés du volcan par
la mer. Effet magique d'une grande vérité.

58. **Vos** (de). La communion de l'âne. Esquisse savamment touchée.

59. **Watteau.** Deux tableaux dans un même cadre; dans le premier sont trois personnages assis à l'ombre d'un buisson; l'un d'eux (c'est un jeune homme) offre un verre de vin à une dame; celle-ci semble le refuser avec dédain, malgré que sa compagne l'engage à l'accepter; dans l'autre, on voit une dame assise dans un jardin; elle tient un parasol, et fait conversation avec un cavalier assis près d'elle.

60. **Wouwermans** (d'après Philippe). Des voyageurs se sont arrêtés à la demeure d'un maréchal ferrant. L'un d'eux a mis pied à terre et fait replacer le fer de son cheval. Bonne copie faite avec soin.

60 bis. *Inconnu.* Deux tableaux d'une extrême finesse de pinceau et d'une couleur parfaite de vérité. Ce sont des intérieurs de cuisine. On y voit nombre de légumes et d'ustensiles de ménage.

61. *Inconnu.* Tête de vieillard. Étude.

62. **Bruandet.** Fixé. Paysage : on y voit sur un chemin quelques figures et des bestiaux. Le fond offre une plaine.

63. **Van der Burch.** Fixé. Paysage pittoresque; on y voit un pâtre faisant désaltérer des chèvres dans les eaux d'un torrent.

64. **Drolling** père. Deux fixés d'une grande dimension; l'un est l'intérieur d'un ménage rus-

tique : on y voit une vieille femmme grondant un petit enfant. L'autre représente la porte d'une habitation de campagne. Deux ménagères y sont représentées faisant conversation.

65. VAN SPAENDONK. Deux gouaches, médaillons; elles offrent, l'une et l'autre, des bouquets de fleurs.

66. DUFRESNE. Trois petits dessins dans un même cadre; l'un est une figure d'après le Poussin; l'autre un athlète d'après l'antique; le troisième un soldat asiatique.

67. HUET. Aquarelle, scène de famille. C'est une mère accompagnée de ses enfans venant visiter un nouveau-né chez la nourrice.

68. LAWRINCE. Gouache. Une jeune dame, assise sur un banc dans un jardin, contemple un groupe, Vénus et l'Amour formant fontaine. Joli dessin facilement touché, orné de plantes, de fleurs et d'accessoires.

69. LEGADBOIS. Deux gouaches : l'une est un paysage, au milieu duquel est un lac, des arbres, des fabriques, et quelques figures sont placées sur les différens plans; l'autre offre un clair de lune : on y voit, sous des rochers formant une voûte, un four à plâtre allumé, où travaillent quelques ouvriers.

70. MOREAU. Jolie gouache. C'est une chaumière environnée d'arbres et de bois. Encadrée.

71. SWEBACK. Joli dessin, légèrement fait à la plume et au bistre. On y voit des voyageurs ar-

rêtés sur une route; dans le fond, on aperçoit la chaise de poste.

72. *Par le même.* Un cuirassier du seizième siècle. Dessin à la sépia, facilement touché, dans la manière de Duplessis, maître de Sweback.

73. SYLVESTRE. Le marchand de melons. Croquis savamment fait à la sanguine.

74. Plusieurs dessins encadrés et en feuilles, parmi lesquels se trouvent quelques croquis de Guardi et Tiepolo, seront divisés sous ce numéro.

75. Plusieurs gravures encadrées, dont le Christ aux anges, d'après Lebrun, par Edelinck; Charles Ier et son pendant, d'après Van-Dyck, par Strange; la mariée de village et son pendant, d'après Watteau; un paysage, d'après Berghem, etc. Cet article sera divisé.

76. Un nombre considérable de gravures en portefeuille. Cet article sera divisé.

Parmi ces gravures se trouvent : la Gallerie du Luxembourg, d'après Rubens; les sept Sacremens du Poussin; l'Histoire de saint Brunot, d'après Lesueur; les Appartemens et la Gallerie de Versailles, et diverses estampes, d'après Raphaël, le Carrache, le Dominiquin, le Poussin, Watteau, Lancret, etc.

CURIOSITÉS.

77. Cinquante-huit médailles en or, argent et bronze. Cet article sera divisé.

78. Bronze. Le Mercure céleste ; jolie copie en bronze, d'après l'antique. Cette figure est montée sur socle en marbre.

79. Deux vases, forme d'urnes à anses, taillés dans la masse, en porphyre de Suède, sur socles en griotte.

80. RENAUD. Bas-relief en cire, sur fond bleu imitant le lapis. C'est une copie d'après un des bas-reliefs ornant le piédestal du gladiateur combattant, représentant le combat des Amazones.

81. Deux petits vases à parfums, du plus précieux travail, en ivoire sculpté à jour, avec leurs couvercles fermant à vis.

82. Deux forts vases en porcelaine du Japon, avec leurs couvercles surmontés de pommes de pin en cuivre.

83. *Inconnu.* Deux médaillons précieusement faits : ce sont des oiseaux ; ils sont faits au moyen de plumes appliquées sur cire.

84. Les articles omis seront vendus sous ce numéro.

De l'imprimerie de Moreau, rue Montmartre, n°. 39.

www.ingramcontent.com/pod-product-compliance
Lightning Source LLC
LaVergne TN
LVHW021509060726
842527LV00006B/2545